RAPPORT SUR LE CONCOURS

RELATIF

A LA SÉPARATION DES POUVOIRS.

Monsieur Léopold Delisle
offert par son dévoué confrère
et serviteur

RAPPORT SUR LE CONCOURS

RELATIF A LA

SÉPARATION DES POUVOIRS

PAR

M. LÉON AUCOC

PRÉSIDENT DE SECTION AU CONSEIL D'ÉTAT

MEMBRE DE L'INSTITUT.

EXTRAIT DU COMPTE-RENDU

De l'Académie des sciences morales et politiques

(INSTITUT DE FRANCE)

PAR M. CH. VERGÉ,

Sous la direction de M. le Secrétaire perpétuel de l'Académie.

PARIS

1879

RAPPORT SUR LE CONCOURS

RELATIF

A LA SÉPARATION DES POUVOIRS.

L'Académie avait proposé, pour le concours de l'année 1878, le sujet de législation suivant :

« De la séparation des pouvoirs dans le droit public français. Origine « de cette règle politique, ses vicissitudes et ses développements ; « application qu'elle reçoit dans les divers États de l'Europe. »

En mettant au concours l'étude de ce principe, l'Académie soulevait un des problèmes les plus importants, les plus délicats que donne à résoudre l'organisation des sociétés politiques. Si le sujet, qui n'a jamais jusqu'ici été creusé dans des ouvrages spéciaux, pouvait tenter les concurrents par le grand intérêt qui s'y attache, par la variété des points de vue sous lesquels il se présente, par l'attrait d'une étude approfondie des doctrines du grand écrivain qui a eu la gloire de mettre en lumière un principe essentiel pour la sauvegarde de la liberté, il était bien de nature à les inquiéter par des difficultés de tous genres.

Sans doute, l'on était assuré de trouver d'excellents guides pour apprécier les institutions politiques de l'antiquité et du moyen-âge, les origines du gouvernement représentatif, le rôle des États Généraux et leur influence sur notre législation, pour étudier les opinions des publicistes de tous les temps jusqu'à la Révolution française (et ce n'est pas ici qu'il serait utile de nommer les ouvrages auxquels nous faisons allusion); mais ce n'était pas la partie essentielle du sujet.

Il fallait pénétrer dans l'opinion de Montesquieu sur ce point plus avant que ne l'ont fait ses commentateurs, absorbés par l'étude de l'ensemble du monument qu'il a élevé, et rechercher ce qu'il avait ajouté d'abord à la théorie de la division des fonctions, puis à celle des gouvernements mixtes, pour créer une nouvelle garantie de la liberté. Il fallait discuter les controverses que sa doctrine a soulevées de la part des écrivains de son temps et de publicistes plus modernes, signaler les lacunes qu'il y a laissées subsister, préciser l'efficacité des garanties qu'on y peut trouver, même en dehors des gouvernements mixtes et indiquer soigneusement la mesure dans laquelle ce principe doit être appliqué pour être utile sans être nuisible.

On avait enfin à contrôler la théorie par la pratique, à chercher comment les différents peuples qui ont fait entrer ce principe dans leurs constitutions avant nous ou après nous, en ont tiré parti, à comparer entre elles ces applications si variées dans les détails et à porter sur cette grande question un jugement éclairé par l'histoire, par la philosophie politique et par la législation comparée.

La manière dont le principe de la séparation des pouvoirs a pris sa place dans notre législation, le mélange de vérités et d'erreurs qui frappe si vivement quand on étudie la Constitution de 1791, mettent bien en relief toute la gravité et toutes les difficultés de la question.

Lorsque l'Assemblée constituante, encore émue de la brusque destruction du régime féodal décrétée en quelques heures dans la fameuse nuit du 4 août, achevait la discussion des articles de la Déclaration des droits de l'homme et du citoyen, elle rencontra la question de la séparation des pouvoirs. « Sans la séparation des pouvoirs, il n'y a que despotisme, » s'écrie Alexandre de Lameth. Aussitôt plus de dix rédactions sont présentées pour formuler le principe que l'Assemblée consacre en ces termes : « Toute Société dans laquelle la garantie des droits n'est pas assurée et la séparation des pouvoirs déterminée n'a pas de constitution (1). »

Quelques jours après, lorsqu'il s'agissait de faire la première application du principe, l'Assemblée était profondément divisée. Mounier, qui ne pouvait pas être suspect de complaisance envers la cour, après l'initiative hardie qu'il avait prise lors du serment du Jeu de Paume, proposait, au nom du comité de constitution, de partager le Corps législatif en deux chambres et de donner au roi la sanction des lois (2). Il invoquait, comme l'avait fait Lally-Tollendal (3), l'exemple de la constitution anglaise, l'autorité de Montesquieu. « Quelle que soit la forme d'un gouvernement, disait-il, le soin le plus important doit être d'empêcher les dépositaires de tous les genres d'autorité de suivre toutes leurs volontés et d'établir une puissance arbitraire. Pour y parvenir, il faut combiner l'organisation des différents pouvoirs de manière qu'ils ne soient jamais réunis dans les mêmes mains. » Mais il ajoutait : « Pour qu'ils restent divisés, il faut qu'ils soient garantis contre leurs attaques ou leurs usurpations réciproques. ..... Pour qu'ils restent à jamais divisés, il ne faut pas les séparer entièrement. » Il cherchait à mettre l'Assemblée en garde contre la séduction de systèmes philosophiques absolus qui la conduiraient à des solutions extrêmes.

C'étaient ces solutions qui devaient triompher. Lanjuinais (4)

(1) Séance du 26 août 1789.

(2) Séance du 4 septembre 1789.

(3) Séance du 19 août 1789.

(4) Les *Archives parlementaires* ont rectifié l'erreur commise par le

écartait avec dédain « le sentiment de ce Montesquieu qui n'a pas su se soustraire aux préjugés de sa robe. » Nous sommes loin du jour où Voltaire écrivait : « Le genre humain avait perdu ses titres, Montesquieu les a retrouvés. » Alexandre de Lameth ne faisait pas plus de cas de la constitution de l'Angleterre. « Il faut moins consulter les exemples que les principes, disait-il..... Les Anglais ont été obligés de composer avec les préjugés.........................

« On nous rappelle qu'il y a quelques années nous jetions « des yeux d'envie ou plutôt des regards d'admiration sur ce « pays si bien gouverné, soumis à une si bonne constitution. « Mais le désir que nous avions d'en obtenir une semblable « ne prouve pas qu'elle soit sans défaut. Certes, il n'était pas « nécessaire qu'elle fût parfaite pour être l'objet des vœux « d'une nation gouvernée par des intendants, des commandants « militaires, des arrêts du conseil, soumise à des lettres de « cachet, à toutes les vexations de la fiscalité, à des contribu- « tions immenses consenties par des magistrats et gaspillées « par des ministres. »

Rabaut-Saint-Étienne défendit le système de l'assemblée unique avec une formule où se faisait sentir l'inspiration des doctrines de Rousseau : « On ne peut nier que cette idée in- « finiment simple ne s'offre la première à l'esprit et que la « nation étant une, il semble que sa représentation doive « l'être également. Le droit de faire des lois, celui de voter « les subsides, celui de faire exécuter et administrer sont « également des choses unes et qui appartiennent à la nation « ou qui en émanent avec la même unité, la même simpli- « cité indivisible....... »

Moniteur universel qui attribuait ces paroles à M. Dangevillers. Il n'y avait pas de député de ce nom.

Sieyès intervint pour prononcer la sentence à l'égard de la sanction royale : « La seule définition raisonnable qu'on « puisse donner de la loi, est de l'appeler l'expression de la « volonté des gouvernés. Les gouvernants ne peuvent s'en « emparer en tout ou en partie sans approcher plus ou moins « du despotisme. Il ne faut pas souffrir un alliage aussi dan- « gereux dans ses effets. »

L'assemblée, par une forte majorité dans laquelle les partis extrêmes se trouvaient réunis, repoussa le système des deux chambres et n'accorda au Roi que le *veto* suspensif (1).

Plus tard, malgré les efforts de Mirabeau ou plutôt par suite de la défiance qu'il commençait à lui inspirer et qu'il essaya vainement de combattre en affectant un désintéressement ironique, elle décida que les ministres ne pouvaient être pris parmi ses membres (2).

C'est ainsi qu'elle séparait absolument le pouvoir législatif et le pouvoir exécutif et que, en s'interdisant d'exercer une influence sérieuse sur la direction du gouvernement, en se réservant uniquement le droit de déclarer que les ministres n'avaient pas la confiance de la nation, elle se condamnait à commettre de nouvelles fautes dans l'organisation administrative et dans l'organisation judiciaire.

Entraînée par sa lutte contre le régime de la Monarchie absolue qu'elle voulait détruire à jamais, elle finit par ne laisser au pouvoir exécutif qu'un titre et la couronne. Dans son organisation administrative, répondant par un autre excès à l'excès de centralisation de l'ancien régime, elle confiait aux assemblées de département, de district et aux municipalités

(1) Voir les séances du 4 au 10 septembre 1790. Nous avons reproduit le texte des discours d'après les *Archives parlementaires*, qui ont rectifié sur plusieurs points le *Moniteur*.

(2) Séance du 7 novembre 1789.

élues par les citoyens le soin de gérer les intérêts de l'État, comme ceux des localités, sans placer auprès d'elles aucun représentant de l'autorité centrale, en sorte que le Roi était le chef nominal d'une administration sur laquelle il n'avait aucune action. Barnave ne dissimulait pas qu'on avait voulu constituer un pouvoir administratif, indépendant du Roi, comme on avait créé, par l'institution de la garde nationale, un pouvoir militaire dont il n'était pas plus le chef.

Lorsque, après de longues interruptions motivées par des crises violentes, l'assemblée arriva à la constitution de l'ordre judiciaire, la droite revendiqua pour le Roi la nomination des juges, du moins le droit de choisir parmi trois candidats élus par le peuple. D'après Cazalès, Maury et Malouet, ses éloquents organes, le pouvoir judiciaire était une partie intégrante du pouvoir exécutif. Ici, pour la première fois, les orateurs de la gauche, Barnave et Rœderer, retournèrent contre la droite l'opinion de Montesquieu, « leur autorité favorite,... « cet écrivain politique qu'on oppose sans cesse, disaient-ils, « aux opinions populaires. »

A une faible majorité, l'assemblée décida que les électeurs ne présenteraient qu'un sujet au Roi, chargé de donner l'institution aux juges (1).

Le vicomte de Mirabeau avait-il tort, quand il adressait à Barnave cette boutade : « M. Barnave vous a dit que le Roi sera à côté des tribunaux. Le Roi sera à côté des départements, le Roi sera à côté de l'armée, le Roi sera à côté de la Constitution et s'il est à côté, il est dehors ! »

Mais si l'assemblée s'est inspirée de Montesquieu, quand elle a déclaré que le pouvoir judiciaire n'est pas une branche du pouvoir exécutif et si, par là, elle s'est rapprochée plus de

(1) Séances des 5, 6 et 7 mai 1790.

la Constitution républicaine des États-Unis que des constitutions monarchiques, elle ne lui a fait aucun emprunt lorsqu'elle a déclaré l'autorité administrative indépendante de l'autorité judiciaire et qu'elle a, par suite, constitué la juridiction administrative.

Il faut dire que, dans le chapitre VI du livre XI de l'*Esprit des lois*, lorsqu'il parle du pouvoir exécutif, Montesquieu semble perdre de vue ses attributions administratives, qui avaient déjà une importance considérable en France et qui ont pris aujourd'hui, même en Angleterre, des développements qu'on ne soupçonnait pas au XVIIIe siècle; que d'un autre côté, lorsqu'il parle du pouvoir judiciaire, préoccupé exclusivement des garanties de la liberté, il semble n'avoir en vue que la juridiction criminelle. L'Assemblée Constituante avait à faire entrer dans ses résolutions d'autres éléments.

Elle se rappelait que dans les luttes engagées au XVIIIe siècle entre la royauté et les parlements, les torts n'avaient pas été ordinairement du côté de l'autorité royale; que les réformes les plus sages, par exemple les édits proposés par Turgot, avaient été retardées par la résistance des corps judiciaires où dominaient les membres de la classe privilégiée. Elle avait interdit aux juges d'usurper le pouvoir législatif comme les Parlements le faisaient par les refus d'enregistrement, et par les arrêts de réglement. Elle voulut également leur interdire d'entraver l'action de l'autorité administrative. Elle entendait diriger le pouvoir exécutif dans la voie des réformes et n'admettait pas qu'il pût être gêné par la résistance de l'ordre judiciaire. Elle réservait au pouvoir législatif le droit de contrôler les actes de l'administration centrale; à l'administration centrale, sous l'action du pouvoir législatif, le droit de contrôler les actes de l'administration locale.

Aussi, dès la fin de l'année 1789, dans la loi qui organisait les assemblées administratives de département et de district, et bientôt après dans la loi des 16-24 août 1790 sur l'organisation judiciaire, elle posait ce principe fondamental que « les fonctions judiciaires seront distinctes et demeureront toujours séparées des fonctions administratives, et que les juges ne pourront, sous peine de forfaiture, troubler de quelque manière que ce soit les opérations des corps administratifs, ni citer devant eux les administrateurs pour raison de leurs fonctions. »

Quand on étudie les discussions de l'assemblée, on ne voit pas que l'institution de la juridiction administrative, l'interdiction faite aux juges de statuer sur les réclamations dirigées contre les actes administratifs aient soulevé de vives controverses. Cette idée paraît avoir été acceptée presque unanimement.

Telles sont les applications que l'Assemblée Constituante a faites du principe de la séparation des pouvoirs.

Mais si nos différentes constitutions, si les constitutions modernes des peuples qui nous entourent ont consacré le même principe, combien les applications en ont varié ! Que de controverses ont fait naître les rapports du pouvoir législatif et du pouvoir exécutif dans les monarchies et dans les républiques ; combien de combinaisons ont été essayées ou étudiées pour assurer à l'autorité judiciaire une indépendance nécessaire, sans enlever aux justiciables la garantie de la probité, de la capacité des hommes dont leur vie et leur fortune pouvaient dépendre ! Combien de critiques ont été dirigées contre la juridiction administrative et les institutions qui s'y rattachent, et quelles conclusions différentes les législateurs de notre pays et des pays voisins en ont tirées à diverses époques, tantôt pour s'écarter du type créé en 1789, tantôt pour y revenir !

Voilà les questions que l'Académie avait appelé les concurrents à traiter. Nous avons à dire maintenant comment il a été répondu à son appel.

Six mémoires ont été présentés. Nous apprécierons rapidement ceux qui portent les n°s 1 et 4, qui n'ont pas traité toutes les parties du programme ou ne les ont pas traitées d'une manière suffisante.

Le mémoire n° 1, se compose de 120 pages in-folio. Il a pour devise : « *Quid leges sine moribus vanæ proficiunt !...* »

Dans la préface, l'auteur nous avertit que, « plein de respect pour la parole du maître en l'art d'écrire, il s'est efforcé de se borner et de resserrer dans des limites raisonnables le vaste champ d'études ouvert à ses explorations, tout en prenant garde de tomber dans l'excès contraire, » car, ajoute-t-il,

« Souvent la peur d'un mal nous *entraîne* dans un pire. »

Le passage que nous venons de reproduire textuellement nous dispensera d'insister sur le mérite du mémoire. L'auteur s'est beaucoup trop borné et il n'a pas d'ailleurs réussi à bien écrire. Ce travail est une ébauche, le sujet n'y a pas été approfondi, les différentes parties ne sont pas proportionnées à leur importance respective; il doit en conséquence être écarté.

Le mémoire n° 4, qui a pris les deux devises suivantes : « *Ad narrandum non ad probandum*;... ma barque est si petite et la mer est si grande, » se compose de 400 pages. Il a de bonnes parties; il atteste de longues recherches et expose généralement des idées justes; mais l'auteur a éprouvé une crainte exagérée en face de la grandeur du sujet. Il s'applique surtout à étudier le côté historique, la distribution et la pondération des pouvoirs dans les théories des publicistes de l'antiquité, dans les constitutions de Sparte, d'Athènes et de Rome, dans l'ancienne Monarchie française; puis il entre dans des développements plus étendus au sujet des théories de Locke, de Montesquieu, de Rousseau, de Blackstone, de de Lolme, de Livingston. Il arrive alors à la Révolution française. Mais c'est encore dans l'ordre historique qu'il expose les débats de la Constituante, de la Convention, les systèmes constitutionnels du Consulat et de l'Empire, des Chartes de 1814 et de 1830, de la République de 1848, du second Empire, pour aboutir à la Constitution de 1875. Il ne consacre que 12 pages à examiner l'influence du principe de la séparation des pouvoirs sur la législation française. C'est là pourtant qu'était la véritable question posée par l'Académie. Quant à son étude de la législation étrangère, c'est une simple analyse des diverses Constitutions qui laisse trop au lecteur le soin d'apprécier et de comparer entre eux les divers principes appliqués dans chaque pays. C'est donc encore, malgré son étendue relative, un travail insuffisant.

Le mémoire n° 6 a pris pour épigraphe :

« J'aurai du moins l'honneur de l'avoir entrepris. »

Il a 360 pages.

L'auteur a lui-même jugé son œuvre, au moins en partie, dans une conclusion qui, à ce point de vue, est originale; il reconnaît, avec une sincérité touchante, les imperfections de son travail; il craint qu'on lui reproche d'être inégal et incomplet. « Confiant dans la largeur des vues de l'Académie, dit-il, nous avons suivi le penchant naturel qui nous portait à interpréter le sujet principalement comme une étude d'histoire du droit. Voir se développer graduellement, dans nos institutions politiques, le principe de la séparation des pouvoirs indissolublement uni aux aspirations libérales du pays, tel est le spectacle qui nous a séduit »............. Il manifeste l'espérance, que, à défaut d'autre récompense, il obtiendra du moins de ses juges cette bienveillance à laquelle ont droit la bonne volonté et la bonne foi.

Il nous paraît juste de reconnaître que l'auteur a d'autres qualités que celles qu'il revendique. Son mémoire se distingue par une tendance à mettre en relief les côtés philosophiques des doctrines. Il connaît particulièrement les publicistes allemands qui ont traité de l'organisation politique et ceux même dont les ouvrages ne sont pas encore traduits. Il a lu les œuvres les plus récentes sur les institutions des temps antiques et sur la constitution anglaise et il y fait d'habiles emprunts. Malheureusement, il se laisse entraîner à des digressions sur divers sujets, par exemple, sur l'esclavage, et quand il a apprécié, dans un style qui n'est pas toujours exempt de déclamation, les doctrines du XVIIIe siècle relatives à l'organisation des pouvoirs et la théorie de Montesquieu, il semble à bout de forces.

La dernière partie de son travail, consacrée à l'étude de la mise en pratique du principe de la séparation des pouvoirs depuis 1789 dans les constitutions de la France et de l'Europe, est loin d'avoir l'étendue qu'exigeait la question et que faisaient prévoir les développements qui la précèdent. Il est visible que l'auteur n'a pas eu le temps d'achever sa tâche.

Mais, si les défauts de ce mémoire sont saillants, les mérites qu'on y constate, dans plusieurs parties, ont paru dignes d'être signalés à l'Académie et la section estime qu'il pourrait, à titre d'encouragement, obtenir une mention.

Le mémoire n° 3 a pris pour épigraphe une phrase du programme lui-même : « C'est donc une question d'histoire du droit, d'un ordre élevé, que l'Académie propose aux concurrents. »

L'auteur a tenu à caractériser par cette devise le plan de son étude, qui a plus de valeur que les précédentes, mais il en a du même coup révélé le défaut capital. Si l'Académie avait indiqué qu'elle invitait les concurrents à traiter une belle question d'histoire du droit, elle leur avait indiqué aussi qu'ils auraient à rechercher toutes les sources de la doctrine de Montesquieu, et, par conséquent, à la comparer avec celles des autres publicistes, qu'ils auraient aussi à en étudier tous les effets pratiques, et par conséquent à mettre en relief l'esprit des législations diverses issues de cette doctrine.

En donnant à son travail un caractère exclusivement historique, l'auteur s'est imposé un cadre trop étroit, dans lequel il n'a pu mettre assez en lumière la connaissance approfondie qu'il a du sujet.

Il s'est donné, en effet, pour tâche de montrer que les gouvernements de tous les peuples anciens et modernes qui ont fait figure dans l'histoire, au moins dans celle de notre civilisation occidentale, ont été fondés ou sur la théorie de la balance des pouvoirs, c'est-à-dire des puissances qui ont à leur disposition une force avec laquelle elles peuvent triompher l'une de l'autre, royauté, aristocratie, peuple, ou sur la théorie de la séparation des pouvoirs, dans le sens où nous l'entendons depuis Montesquieu.

Son travail se divise en cinq grandes parties. Il étudie la séparation des pouvoirs dans l'antiquité, et à cet égard, il est bref, puis dans les temps modernes, en commençant par l'Angleterre, continuant par les États-Unis de l'Amérique du Nord, pour venir à la France, et il termine par les constitutions étrangères postérieures à 1789. Mais, dans ces chapitres fort étendus, on ne rencontre pas de subdivisions. C'est dans le cours de son exposé historique, où il ne suit pas toujours l'ordre chronologique et nous ne le remarquons pas pour l'en blâmer, que l'auteur expose et apprécie les événements principaux et les institutions, et discute les théories des écrivains qui en ont fait la philosophie. Il nous cause parfois une certaine suprise, par exemple quand il examine d'une manière trés approfondie les doctrines de Montesquieu dans le chapitre consacré aux institutions de l'Angleterre. C'est leur enlever précisément leur caractère général. Ce n'était pas pour exercer une influence sur l'opinion publique anglaise que Montesquieu a écrit son immortel ouvrage ; et, s'il a montré une extrême mesure dans ses études de législation comparée, il n'est pas difficile de lire entre les lignes. L'auteur l'indique très-bien ; comment est-il donc tombé dans ce défaut de composition qu'il s'efforce en vain de justifier? Ce n'est qu'après une étude sur la constitution des Etats-Unis d'Amérique et après avoir passé en revue les diverses phases de l'organisation des pouvoirs en France que nous retrouverons Montesquieu, que nous verrons son influence sur ses contemporains et sur la réforme des institutions françaises.

D'autre part, quand il examine nos institutions, l'auteur qui, sur plusieurs points, avait habilement condensé des idées générales, entreprend un travail d'analyse, non pas seulement des textes de nos constitutions successives depuis 1789, mais de toutes les discussions auxquelles se sont livrées nos Assemblées constituantes, y compris celle de 1871. Que ce travail fût utile, qu'il fût nécessaire pour être en mesure de parler avec connaissance de cause du sujet indiqué par l'Académie, que l'auteur y ait fréquemment mêlé ses observations personnelles qui sont généralement judicieuses, nous le reconnaissons ; mais il ne fallait pas nous le faire lire, je puis dire, nous le faire relire, surtout en nous le présentant dans cet ordre chronologique, où les mêmes idées sur le pouvoir législatif, le pouvoir exécutif et le pouvoir judiciaire, reviennent sans cesse presque sous la même forme.

Ce travail est d'une extrême inégalité. Il a des parties fort intéressantes, il en a d'autres qui sont complètement sacrifiées. Parmi les bonnes parties, nous devons signaler l'examen des doctrines de Montesquieu. L'auteur fait très-bien ressortir la portée des principes posés par le grand écrivain, le côté par lequel ils sont nouveaux, l'importance qu'il a le premier attachée à l'indépendance du pouvoir judiciaire et les garanties qu'il y a trouvées pour la liberté. Il met bien en lumière les lacunes de la description des trois pouvoirs indiqués dans le chapitre VI du livre XI de l'*Esprit des Lois,* et s'efforce de montrer que c'est dans les chapitres suivants XII, XIV, XVI, XVII et XVIII sur la distribution des pouvoirs dans la République romaine, qu'il faut chercher la théorie personnelle de Montesquieu.

L'appréciation des modifications successives de la constitution anglaise et de son état actuel, d'après les documents les plus récents, mérite encore d'être louée, bien qu'elle soit trop brève, comme l'étude de l'organisation des pouvoirs dans les Etats-Unis de l'Amérique du Nord. Il n'y a qu'un seul des concurrents qui l'ait dépassé sur ce point, qui ait, comme lui, fait ressortir l'intérêt que les Américains ont vu à donner au pouvoir judiciaire le droit de contrôler même le pouvoir législatif, en lui confiant la garde de leur constitution, qui ait, mieux que lui, signalé les différences entre les rapports du pouvoir législatif et du pouvoir exécutif dans le système anglais et dans le système américain.

Les qualités ne l'emportent pas assez sur les défauts dans l'ensemble du mémoire pour que nous puissions vous proposer de lui attribuer le prix; mais il a paru digne d'une mention.

Nous arrivons maintenant à un mémoire fort étendu, il comprend près de 1,000 pages in-folio, qui a des qualités sérieuses, qui a traité avec soin toutes les parties du sujet, mais qui a aussi de graves défauts. C'est le mémoire inscrit sous le n° 5 avec cette devise : « Les libertés ne sont rien tant qu'elles ne sont pas devenues des droits. Les droits, même reconnus, ne sont rien tant qu'ils ne sont pas retranchés derrière des garanties. « (Guizot, *Histoire des origines du gouvernement représentatif.*)

L'auteur a d'abord eu le tort de dépasser le but, ce qui est encore une manière de ne pas l'atteindre. Ainsi, en recherchant l'origine de la doctrine établie par Montesquieu, il s'est cru obligé de faire un exposé de l'organisation des pouvoirs publics chez les peuples anciens, dans l'Inde, l'Egypte, la Grèce et Rome, avant d'examiner successivement pour chacun d'eux si le principe de la séparation des pouvoirs, tel que nous l'entendons, y avait été pratiqué. Il a fait la même chose pour les institutions de la France en les découpant période par période, institutions mérovingiennes, carlovingiennes, féodalité, royauté absolue. Mais, en ayant la prétention de renfermer dans un cadre relativement étroit tant de faits et d'idées, l'auteur n'a pu encore donner qu'un aperçu assez superficiel, emprunté tantôt aux écrivains les plus autorisés, tantôt à des ouvrages déjà un peu anciens et qui ont été dépassés par des publications plus récentes.

La méthode qu'il a employée pour traiter la question spéciale qui fait véritablement l'objet du concours est également défectueuse. Le sujet y est morcelé en une série de divisions, qui se répètent avec une monotonie fatigante. Pour chacune des constitutions politiques que la France a connues depuis 1789, et il y en a au moins onze, l'auteur fait un exposé de l'ensemble des règles qui s'y trouvent écrites, puis il les apprécie au point de vue de la séparation des pouvoirs. Il examine ensuite l'état actuel de la séparation des pouvoirs en France, et là au sujet des pouvoirs législatif, exécutif et judiciaire, il recherche d'abord, pour tous les trois, comment ils sont séparés, puis comment ils sont rattachés les uns les autres, si bien que l'on aperçoit une foule de détails qui se suivent et que jamais l'on ne peut saisir un ensemble.

C'est le même procédé qui est employé pour l'étude de chacune des législations étrangères et, disons, en passant, qu'il est regrettable que l'auteur ait omis d'étudier les constitutions des Etats-Unis de l'Amérique du Nord, antérieures à la nôtre et qui offrent un type original particulièrement intéressant pour nous.

Nous sommes obligé de signaler encore le style souvent négligé de ce mémoire qui enlève aux idées une partie de leur valeur.

Mais nous devons maintenant rendre justice aux qualités dont l'auteur a fait preuve.

Dans les parties où il a discuté les opinions des publicistes modernes, il a généralement montré de la sagacité.

Quand il étudie la doctrine de Montesquieu, quand il distingue avec soin la séparation des pouvoirs en elle-même et la théorie des gouvernements mixtes qui s'y trouve rattachée dans l'*Esprit des Lois*, quand il examine si Montesquieu a exactement décrit le système pratiqué en Angleterre, il présente des observations justes à beaucoup d'égards Toutefois, il aurait pu les compléter utilement et même les rectifier s'il avait consulté les ouvrages les plus récents sur la constitution anglaise, notamment celui de Bagehot.

Il a particulièrement le mérite d'avoir indiqué le véritable sens d'un passage obscur du chapitre VI du livre XI de l'*Esprit des Lois* qui a été mal interprété, non-seulement par les auteurs de deux autres mémoires, mais par divers écrivains et dont le dernier éditeur de Montesquieu, notre savant confrère M. Laboulaye, a pris soin, dans un volume tout récemment publié, de donner un commentaire nouveau. On trouve en effet, dans la seconde moitié du chapitre, cette phrase :

« Des trois puissances dont nous avons parlé, celle de « juger est en quelque façon *nulle*, il n'en reste que deux... » D'après les auteurs des mémoires n° 2 et n° 4, Montesquieu aurait reconnu dans ces lignes qu'en réalité, il n'y a que deux pouvoirs, le législatif et l'exécutif et que l'autorité judiciaire est une branche du pouvoir exécutif. Aux yeux du premier, c'est une rectification heureuse de la doctrine indiquée au début du chapitre, aux yeux du second, c'est une erreur regrettable. Quoi qu'il en soit de la doctrine en elle-même, une lecture attentive du chapitre VI montre que Montesquieu ne l'a pas consacrée. « Il n'y a point encore de liberté, dit-« il, si la puissance de juger n'est pas séparée de la puis-« sance législative et de l'exécutrice. » ... « Tout serait « perdu si le même homme ou le même corps des princi-« paux ou des nobles, ou du peuple exerçait les trois pou-« voirs : celui de faire les lois, celui d'exécuter les résolu-« tions publiques et celui de juger les crimes ou les « différends des particuliers. » Il en produit plusieurs exemples tirés des institutions despotiques de l'Orient et de certaines républiques de l'Italie. Comment peut-on admettre qu'il se soit contredit si expressément à quelques pages de distance ? Dans le passage controversé, il ne fait pas autre chose que rappeler une règle qu'il a posée pour l'organisation judiciaire et qu'il a trouvée à Athènes, comme il l'a vue en Angleterre, c'est que « la puissance de juger ne doit pas être « donnée à un sénat permanent, mais exercée par des per-« sonnes tirées du corps du peuple, dans certains temps de « l'année, de la manière prescrite par la loi, pour former un « tribunal qui ne dure qu'autant que la nécessité le requiert. « De cette façon, dit-il, la puissance de juger, si terrible pour « les hommes, n'étant attribuée ni à un certain état, ni à une « certaine profession devient, pour ainsi dire, *invisible et*

« *nulle.* On n'a point continuellement des juges devant les « yeux et l'on craint la magistrature et non les magistrats. »

Ce n'est donc pas en principe, c'est dans ce système, avec cette organisation, celle du jury en matière criminelle et en matière civile, et en faisant abstraction des magistrats qui dirigent le jury et prononcent la sentence, que la puissance de juger est nulle, c'est-à-dire invisible. Or, comme Montesquieu, à la fin du chapitre VI, cherche une puissance réglante (c'est son expression) pour tempérer celles qui ont des organes permanents, à savoir, le corps représentant le peuple et le monarque, il ne peut pas recourir à l'autorité judiciaire; il ne trouve que le corps des nobles pour produire cet effet. C'est ici la théorie des gouvernements mixtes qu'il expose, ce n'est plus celle de la séparation des pouvoirs dans tous les systèmes de gouvernement. L'auteur du mémoire n° 5 a nettement mis ce point en lumière.

Dans son appréciation des constitutions successives de la France depuis 1789 et dans celle des constitutions des différents États de l'Europe, il a généralement bien fait ressortir les questions que chacune d'elles peut soulever. Rien de plus consciencieux, de plus patient, que cette espèce de dissection qu'il fait subir à chacune des nombreuses constitutions en face desquelles il se trouve. Nous ne dirons pas cependant que tout soit à l'abri de la critique. Ainsi dans l'exposé de l'état actuel de la séparation des pouvoirs en France, l'auteur fait apparaître, avec le pouvoir législatif central, un pouvoir législatif local; il donne ce nom aux Conseils généraux et municipaux. Il nous paraît difficile d'admettre cette innovation. En quoi le rôle des conseils généraux et des conseils municipaux, chargés de pourvoir à la gestion des intérêts des départements et des communes, peut-il être assimilé au pouvoir législatif dont l'essence est de poser les règles de conduite que doivent suivre les citoyens dans leurs rapports réciproques ou dans leurs rapports avec la société ? Les corps électifs locaux n'ont que trop de tendances à méconnaître la loi générale du pays : il ne faut pas les y encourager par une qualification dont ils abuseraient bientôt. D'autre part il ne s'attache qu'à distinguer les différents pouvoirs par leur titre, sans entrer dans les détails de leur compétence, sans rechercher leur domaine respectif. Il ne parle pas non plus des exceptions au principe de la séparation des pouvoirs.

Quant aux critiques très-vives qui sont dirigées dans ce mémoire contre l'institution de la juridiction administrative, nous ne les discutons pas, parce que l'Académie, dans son programme, a déclaré qu'elle laissait aux concurrents une complète liberté d'appréciation ; mais nous pouvons reprocher à l'auteur de juger l'institution qu'il condamne sur un aperçu trop superficiel dont les éléments sont puisés exclusivement dans un livre excellent, mais élémentaire, et sans l'avoir étudiée dans les résultats qu'elle a produits et dans les doctrines qu'elle a créées pour garantir les droits des citoyens.

L'auteur nous paraît s'être laissé entraîner sur tous les points à une passion excessive pour le principe de la séparation des pouvoirs. Il ne faut cependant pas oublier que les sociétés ne vivent pas d'un seul principe, qu'elles ont des besoins de nature très-diverse, et qu'il est impossible qu'un élément unique y donne satisfaction. Nous n'avons vu que trop souvent des réformateurs critiquer nos institutions au nom d'un idéal exclusif, et condamner, les uns tout ce qui pouvait être tourné contre l'autorité, les autres tout ce qui pouvait nuire à la liberté ou blesser l'égalité, ceux-ci tout ce qui compromettait l'unité nationale, et leurs adversaires tout ce qui tendait à entraver l'indépendance des autorités locales.

Prendre à chaque institution, à chaque principe ses avantages en évitant ses inconvénients, l'appliquer sans excès, faire la part de chacun des besoins de la société, ne pas sacrifier des garanties essentielles à la marche ordinaire des choses pour se protéger contre des événements exceptionnels, établir l'équilibre entre tous les éléments divers qui doivent trouver leur place dans les institutions publiques, c'est la tâche la plus difficile à remplir; mais il faut rappeler au législateur que, s'il ne la remplit pas bien, son édifice s'écroule.

Enfin les conclusions par lesquelles l'auteur termine son volumineux travail ne répondent pas, par leur étendue et leur importance, aux développements historiques et pratiques dans lesquels il est entré. Toutefois on y remarque une étude intéressante de la question de savoir si la séparation des pouvoirs peut être réalisée dans un gouvernement fondé sur un seul principe, comme le gouvernement démocratique. L'auteur se prononce pour l'affirmative, en se fondant sur une distinction entre les pouvoirs émanés directement du peuple et ceux qui en émanent indirectement. Il y a là, dans sa pensée, une base suffisante pour l'indépendance des pouvoirs.

En résumé, ce mémoire représente une grande somme de travail, il contient une étude approfondie du sujet, des observations souvent justes. Malgré ses imperfections, il nous paraît mériter une mention honorable.

Nous avons réservé jusqu'à ce moment le mémoire nº 2, parce que c'est lui qui nous paraît supérieur à tous les autres et qui, dans l'opinion de la section, mérite le prix. Les épigraphes indiquent déjà l'excellente direction d'idées dans laquelle il a été composé. La première est une phrase de Mounier : « Pour que les pouvoirs soient à jamais divisés, il ne faut pas qu'ils soient entièrement séparés. » La seconde, un mot de M. Thiers : « Il n'y a qu'un véritable législateur dans les temps modernes, c'est l'expérience. » Il a 400 pages de texte et plus de 100 pages de notes.

Le plan du travail est tout différent de celui qu'ont adopté les autres concurrents ; à notre sens, il est le meilleur. L'étude historique proprement dite n'est pour l'auteur qu'une introduction. Il y passe en revue, à grands traits, les principes essentiels des gouvernements anciens, les phases caractéristiques de la formation des gouvernements de l'Angleterre et de la France qui, partis du même point de départ, s'éloignent de plus en plus l'un de l'autre, jusqu'à la Révolution de 1789. Ce ne sont pas des exposés de faits, ce sont des appréciations sobres, mais justes, souvent saillantes, empruntées aux meilleures sources, aux travaux les plus récents et les plus autorisés. L'auteur ne résume pas les ouvrages qu'il a lus ; il se les approprie, il s'en inspire, et si l'on peut regretter qu'il ait trop rapidement indiqué sa pensée sur les questions les plus graves, on voit qu'il était en mesure de donner des développements pleins d'intérêt dont il a cru devoir faire le sacrifice pour ne pas retarder sa marche.

C'est dans les mêmes conditions qu'il examine les théories des écrivains de l'antiquité, du moyen-âge et des temps modernes.

Ici nous accentuerons davantage le regret que nous venons d'exprimer. C'est surtout quand il aborde Montesquieu qu'on peut reprocher à l'auteur de s'être borné, dans cette partie de son travail, à un jugement sommaire. Il eut été intéressant d'entrer plus avant dans la pensée du grand écrivain, d'en chercher les développements en dehors du chapitre VI du livre XI, de relever les discussions auxquelles elle a donné lieu au moment de la publication de l'*Esprit des lois*.

Du reste l'auteur ne s'en tient pas, à l'égard de Montesquieu, à une admiration banale. Il montre même avec une vivacité excessive dans la forme que ses théories sur le pouvoir exécutif et sur l'autorité judiciaire sont très-incomplètes et qu'elles ont servi de base à de véritables erreurs de l'Assemblée Constituante.

Après cette introduction, écrite d'un style correct, simple, net, animé même, quand une grande idée se présente, où nous avons toutefois relevé certaines négligences, l'auteur aborde son sujet en homme qui en est complètement maître. C'est sur chaque branche des pouvoirs publics, sur chaque subdivision qu'il va étudier la théorie, l'histoire et la pratique du principe de la séparation des pouvoirs dans le droit public moderne. On n'est plus exposé ainsi à ces redites si fatigantes, que nous avons signalées en examinant les autres mémoires, et qui ne permettaient pas les comparaisons entre les solutions admises aux différentes époques de l'histoire et chez les différents peuples.

Toutes les questions que soulèvent les rapports des divers pouvoirs, leur indépendance, leur concours sont successivement traitées à ces trois points de vue. Peut-être quelques détails intéressants des législations étrangères ont-ils échappé à l'auteur, notamment la Constitution suédoise, peut-être aussi est-ce à tort que beaucoup d'indications complémentaires ont été rejetées dans les notes, mais c'est un défaut facile à corriger. L'ensemble est véritablement satisfaisant.

Tous les autres mémoires ont, suivant une opinion assez répandue, qui est celle de Montesquieu et que nos Constitutions républicaines ont adoptée, admis trois pouvoirs : législatif, exécutif et judiciaire. L'auteur du mémoire, suivant d'ailleurs en cela l'exemple de beaucoup de publicistes, parmi lesquels on compte de savants magistrats, et qui se trouve consacrée dans nos Constitutions monarchiques, sauf celle de 1791 qui ne l'était que pour la forme, n'en admet que deux, le pouvoir législatif et le pouvoir exécutif. Il considère l'autorité judiciaire comme une des branches du pouvoir exécutif. Il craint que l'on tire du système contraire la conséquence qu'en a tirée l'Assemblée Constituante : l'élection des juges par le peuple. Mais il n'y a pas lieu de s'inquiéter sur les conséquences qu'il pourrait tirer de son système ; car il n'en conclut pas moins à la complète indépendance de l'autorité judiciaire à l'égard de l'autre branche du pouvoir exécutif. L'Académie, nous l'avons déjà dit, avait, dans sa sagesse, laissé aux auteurs des mémoires toute liberté d'appréciation; nous n'avons donc pas qualité pour discuter en son nom l'orthodoxie de cette doctrine.

Ce qui est plus important, c'est de suivre l'auteur dans la savante étude qu'il a entreprise.

Il expose d'abord la portée et les effets salutaires du principe de la séparation des pouvoirs, en le distinguant des formes gouvernementales; il écarte les critiques dont il a été l'objet et qui reposent souvent sur des malentendus ou sur une tendance au despotisme monarchique ou démocratique.

Puis il nous montre, en premier lieu, la constitution du pouvoir législatif, les moyens employés pour assurer son indépendance et celle de chacun de ses membres à l'égard du pouvoir exécutif, les systèmes suivis pour l'organisation des chambres hautes ou sénats, des chambres de députés, enfin les fonctions du pouvoir législatif au point de vue du vote de l'impôt, du budget, des crédits qui le complètent et du vote des lois.

Il examine ensuite les différents systèmes d'organisation du pouvoir exécutif, la forme royale, la forme présidentielle, la forme collective ou conventionnelle, — les moyens d'organiser le concours des deux pouvoirs, le partage de l'initiative des lois, la préparation des lois par un Conseil d'État, la responsabilité ministérielle, — l'action réciproque des deux pouvoirs, d'un côté par l'ajournement ou la dissolution des chambres et par la sanction des lois ou le veto, de l'autre par les accusations politiques et par les interpellations.

Il consacre ensuite une étude spéciale au pouvoir constituant, puis aux droits et aux devoirs de la nation, sous les deux titres suivants : le pouvoir électoral et la nation gouvernée.

Il ne met pas moins de soin, et il est le seul qui ait autant creusé cette importante partie du sujet, à étudier la constitution de l'autorité administrative, puis celle de l'autorité judiciaire et leurs rapports réciproques. Ici il aborde l'examen des différents modes à suivre pour le choix des magistrats, la question de l'inamovibilité, celle du jury civil. Il passe ensuite à la juridiction administrative qu'il comprend, contrairement à la tradition, dans l'autorité judiciaire. Il défend avec énergie la spécialité de cette juridiction en écartant les mauvais arguments par lesquels on l'a compromise quelquefois en prétendant la justifier, mais en demandant aussi des changements dans son organisation et spécialement l'inamovibilité de ses membres. Peut-être sur ce point n'a-t-il pas assez examiné si cette réforme n'entraînerait pas à restreindre les attributions de la juridiction administrative et par conséquent à diminuer les garanties qu'elle peut offrir contre les excès de pouvoirs des agents de l'administration. Les règles relatives aux conflits d'attributions et à la poursuite des fonctionnaires publics sont examinées à l'aide des monuments les plus récents de la jurisprudence. Il termine par une courte étude sur les rapports de l'autorité judiciaire avec le pouvoir législatif.

Quand tant de questions si variées sont touchées à la fois,

l'Académie ne s'attend pas à nous voir résumer les idées de l'auteur, ni même lui signaler les passages les plus saillants ou ceux qui pourraient motiver soit des critiques, soit des réserves. Nous avons montré, par une sorte de table des matières, comment le mémoire abordait tous les points du programme de l'Académie ; nous ne pouvons qu'affirmer, sans garantir l'exactitude de toutes les idées énoncées par l'auteur, que ses études ont une valeur personnelle qui mérite l'attention.

Tous les systèmes indiqués par les publicistes, mis en pratique dans les constitutions des divers peuples sont passées en revue ; mais le mémoire n'approuve que ceux qui tendent à consacrer une sage liberté, qui ne laissent pas absorber par l'État les droits inaliénables de l'individu, qui créent des garanties efficaces pour éviter les excès dans tous les sens.

Il termine par une excellente conclusion qui résume bien tout l'esprit de son travail. Il y met en relief cette pensée, que, pour qu'un peuple jouisse d'un gouvernement libre, il faut que chaque citoyen s'applique à se dominer lui-même, et à respecter les autres ; il signale les périls que font naître l'esprit révolutionnaire et l'imitation de l'antiquité païenne dans laquelle on ne croyait avoir obtenu la liberté que lorsqu'on avait conquis le pouvoir.

C'est bien en effet par ces sages considérations qu'il faut terminer toute étude sur l'efficacité du mécanisme des institutions destinées à donner des garanties contre le despotisme et contre l'anarchie. Tocqueville l'a dit, en des termes qu'on ne saurait trop rappeler :

« Il y a dans la Constitution de tous les peuples, quelle que soit du reste sa nature, un point où le législateur est obligé de s'en rapporter au bon sens et à la vertu des citoyens. Ce point est plus rapproché et plus visible dans les républiques, plus éloigné et caché avec plus de soin dans les monarchies, mais il se trouve toujours quelque part. Il n'y a pas de pays où la loi puisse tout prévoir et où les institutions puissent tenir lieu de la raison et des mœurs (1). »

En conséquence la section propose à l'Académie d'accorder le prix au mémoire n° 2, une première mention au mémoire n° 5, une seconde au mémoire n° 3, enfin une troisième au mémoire n° 6.

Léon Aucoc.

(1) *De la Démocratie en Amérique.* Première partie, chapitre VIII : Du pouvoir exécutif.

Orléans. — Imp. Ernest Colas

www.ingramcontent.com/pod-product-compliance
Lightning Source LLC
Chambersburg PA
CBHW060821280326
41934CB00010B/2755
9782019214074